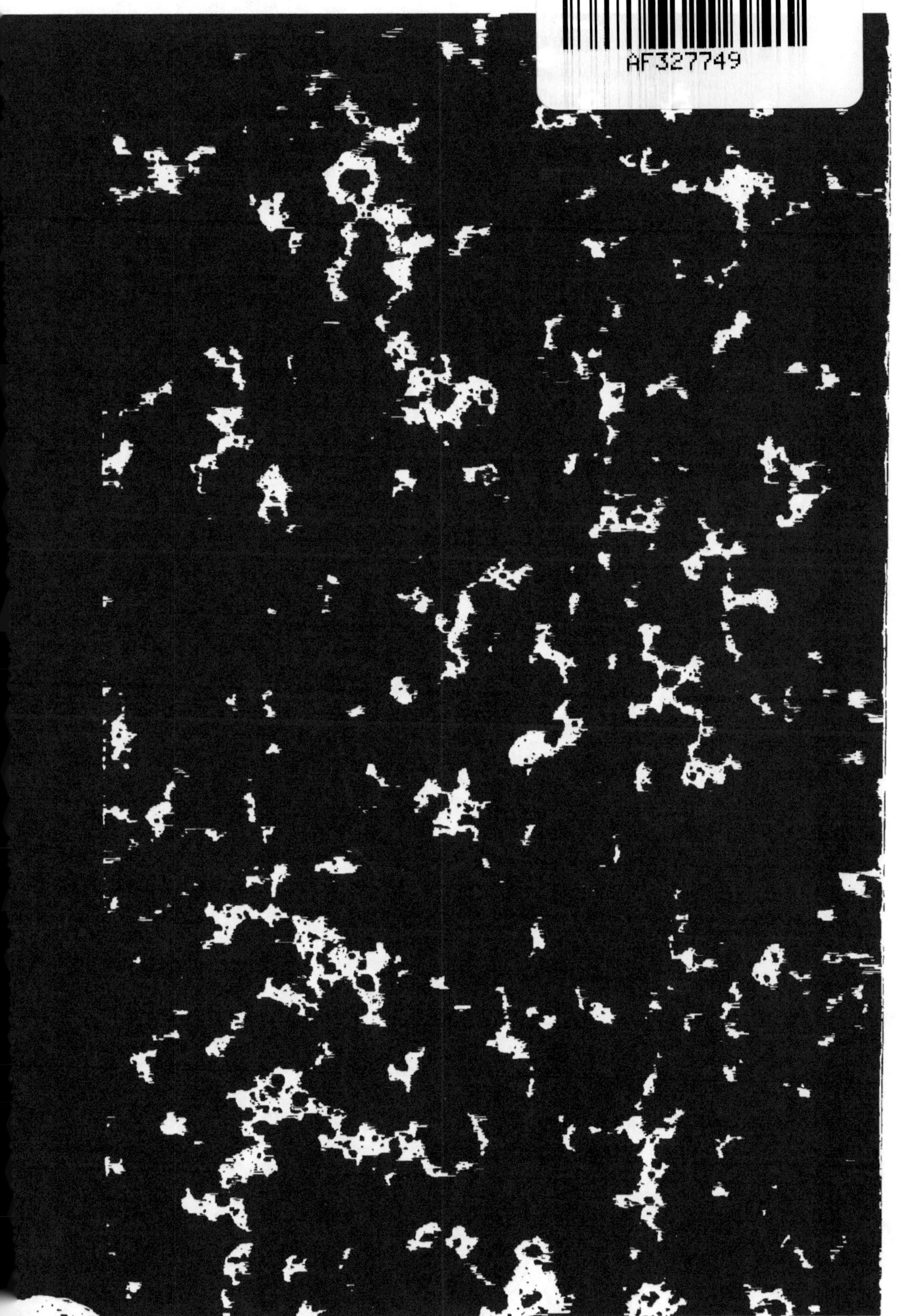

A LA FRANCE,

SUR LE GENRE

DE GUERRE

DONT ELLE EST MENACÉE,

ET

SUR LES MOYENS DE LA SOUTENIR.

PARIS,

Chez
{ RENARD, Libraire, rue Caumartin, n°. 12,
  Et rue de l'Université, n°. 5;
  LE NORMANT, Imprimeur-Libraire, rue de Seine, n°. 8.

MAI 1815.

A LA FRANCE,

SUR LE

GENRE DE GUERRE

DONT ELLE EST MENACÉE,

ET SUR LES MOYENS DE LA SOUTENIR.

La France ne servira pas de théâtre à la guerre qui semble devoir se rallumer : les forces immenses qui se rassemblent pour sa défense ; l'énergie de ses peuples ; la sagesse profonde de son gouvernement ; l'incertitude de plusieurs princes de la coalition ; l'odieux de la cause qu'ils embrassent ; l'affoiblissement d'une partie des moyens sur lesquels ils comptoient, sont à cet égard ses motifs de sécurité et sa garantie : si cependant ce malheur avoit lieu, qu'elle se rassure ; indépendamment de ce que de grandes armées peuvent être vaincues par de petites, aucun peuple qui veut son indépendance, ne peut être vaincu par des armées étrangères , quelque fortes qu'elles puissent être.

De nombreux exemples pourroient prouver cette double assertion : je n'en rapporterai qu'un ; mais pour qu'il établisse une conviction profonde , je citerai la dernière guerre d'Espagne.

Lorsque nous la commençâmes , nous étions établis au centre de ce royaume : nous occupions les provinces qu'il nous importoit le plus d'avoir ; et nous nous trouvions maîtres de Madrid.

Nous avions des armées réunies, braves, disciplinées, et que dix-sept années de victoires achevoient de rendre imposantes : l'Espagne, dont les meilleures troupes étoient dans le nord de l'Allemagne et en Portugal, n'avoit rien à nous opposer qui méritât le nom d'armée.

Nos corps étoient remplis d'officiers et de sous-officiers instruits autant que zélés, et le petit nombre des régimens espagnols existant, étoient très-pauvres à cet égard. Chaque conscription jetoit dans nos rangs une masse nouvelle de sujets qui, par leur aptitude, nous mettoient toujours à même de réparer nos pertes, et d'augmenter nos cadres, tandis qu'en Espagne l'ignorance de toutes les classes des habitans n'offroit à cet égard aucune ressource comparable ; enfin l'Espagne n'avoit pas un homme connu par ses talens militaires, lorsque nos armées fourmilloient de généraux capables, expérimentés et célèbres.

Chaque province d'Espagne étoit en opposition avec les autres, par l'effet d'anciennes guerres ou rivalités, de lois différentes, d'intérêts opposés, de priviléges particuliers, de mœurs et de coutumes sans analogies, d'un esprit de dépréciation, et par fois même de haine ; alors qu'animés des mêmes sentimens, obéissant à la même impulsion, nous agissions d'après les mêmes principes, et nous marchions au même but avec l'ensemble que doivent donner les mêmes moyens.

Les abus les plus honteux, les institutions les plus barbares, les inepties les plus dégoûtantes déshonoroient le gouvernement espagnol : en les signalant à l'opinion, en les détruisant nous donnions nécessairement à ce peuple judicieux et réfléchi une haute idée de notre supériorité, ce qui devenoit pour nous une nouvelle puissance.

L'action du gouvernement espagnol se trouva

à la fois anéanti dans la moitié du royaume : des Espagnols dévoués à notre cause y furent investis de toutes les places : les derniers hameaux reçurent et exécutèrent nos ordres ; et ce qui est au moins aussi important à remarquer, nous touchions tous les revenus des provinces que nous occupions, et les bandes espagnoles, composées de gens pauvres, étoient réduites à des cotisations volontaires.

Un grand nombre d'Espagnols, et les hommes les plus marquans par leurs talens, leur science, ayant embrassé notre cause, nous secondoient de tous leurs moyens, nous proclamoient les régénérateurs de l'Espagne, et peignoient ceux qui se déclaroient contre nous, sous les couleurs les plus odieuses.

Enfin, deux cents victoires ou avantages successivement remportés, tant de places conquises malgré la plus héroïque résistance, la terreur attachée à nos armes, la fuite qui pendant quatre ans fut le seul recours des Espagnols, sembloient nous garantir une réussite entière, et leur ôter tout espoir ; cependant des paysans sans instruction, sans un chef d'une véritable capacité, ont fini par ruiner toutes les armées que nous avons successivement fait

marcher contre eux, et par nous faire éva-
cuer leur territoire.

Dira-t-on que cette lutte dura six ans ?...
Je répondrai qu'une lutte semblable ne peut
être heureuse que par sa durée, parce que le
premier effort d'armées organisées est toujours
favorable, mais qu'une telle lutte devient in-
failliblement heureuse en se prolongeant, parce
que plus un peuple fait cette guerre, mieux il
la fait, et plus ses forces militaires s'augmentent,
parce que plus une armée y est réduite, plus
elle s'affoiblit et se désorganise.

Dira-t-on que de grands désastres résultent
d'une telle lutte ?.... Je répondrai que pour
une nation qui a de l'honneur, l'asservissement
est le plus affreux de tous.

Dira-t-on que le sol de l'Espagne, son climat, et la disette que nous éprouvions dans
ce pays, favorisoient les Espagnols ? Je répondrai que pour ce qui tient au climat, c'est
une erreur : qu'il n'y a d'autre disette possible
en Espagne, que celle qui résulte de la mau-
vaise volonté des habitans : que pour le sol,
nous avons des provinces presqu'aussi faciles
à défendre que les provinces de l'Espagne les
moins praticables ; et qu'à la fin les bandes espagnoles nous faisoient autant de mal hors de

leurs montagnes, que dans leurs montagnes mêmes.

Dira-t-on que d'autres guerres nous occupèrent pendant qu'ils luttoient contre nous, et qu'ils furent secondés par les Anglais et les Portugais?..... Je répondrai que la Turquie nous présage une diversion puissante; et que l'Italie, la Pologne, la Saxe, la Suède, le Danemarck et la Belgique, n'attendent qu'un moment favorable pour secouer leur joug, prendre l'avance sur les autres peuples du monde, et coopérer avec nous à la destruction des ennemis de l'humanité, les seuls que la France puisse avoir aujourd'hui.

Dira-t-on encore que les Espagnols qui avoient pris les armes contre nous, étoient à la fin beaucoup plus nombreux que nous?... Je répondrai que lorsqu'ils commencèrent à nous faire la guerre, nous étions dans plusieurs provinces dix fois plus nombreux qu'eux, et que malgré cela nous ne pûmes parvenir à empêcher le recrutement et l'organisation de leurs bandes, qui à la fin bloquoient toutes les armées françaises dans quelques villes d'Espagne.

Enfin dira-t-on que les Espagnols n'eurent à combattre que six cent mille hommes successivement envoyés contre eux, et que nous pouvons

être attaqués par un plus grand nombre?...(1)
Je répondrai que ces six cent mille hommes
étoient des Français, que les troupes qui nous
feront la guerre ne vaudront pas ; que l'ignorance des Espagnols, et le manque de chefs
capables et audacieux multiplièrent pour eux

----

(1) En supposant que les coalisés ne se désunissent pas,
et en exagérant leurs moyens d'une manière presque ridi-
cule, je suppose que les coalisés enverront contre nous
huit cent cinquante mille hommes ; savoir : cent mille
Anglais, Hollandais, Hanovriens, Hessois, Belges, etc.
cent quatre-vingt mille Russes, deux cent vingt mille Prus-
siens, cent mille Bavarois, Wurtembergeois. Badois, Suisses
et Piémontais, deux cent mille Autrichiens et cinquante mille
Espagnols. Ces huit cent cinquante mille hommes donneront
sept cent mille combattans. Deux cent mille seront indispen-
sables pour observer ou assiéger nos places, contenir leurs
garnisons, occuper quelques points importans, conserver toutes
les places de la Belgique, assurer des communications, garder des
passages de rivières, etc. Il restera donc cinq cent mille combattans
pour tenir la campagne. Or, sans même parler des corps francs,
des gardes nationales mobiles, des levées en masse, c'est-à-dire
de plus d'un million de braves, nous aurons quatre cent mille
hommes de troupes agissantes, et sous les ordres de l'Empereur; c'est plus qu'il n'en faut. Cependant, pour frapper des
coups plus terribles; pour apprendre à tous les peuples du
monde, et surtout à leurs souverains à ne plus méconn-
oître la France; pour la mettre à l'abri de nouvelles coal-
itions aussi atroces; pour délivrer plus tôt celles de nos provinces qui seroient envahies, tout ce qui en France a de l'honneur et la possibilité de manier les armes, doit les prendre et
se dévouer.

des obstacles qui pour nous n'existeront pas :
que toutes les places de leurs frontières étoient
en notre pouvoir, tandis que l'ennemi n'a aucune des nôtres, et n'en aura aucune sans
l'avoir payée plus qu'elle ne pourra lui va-
loir : que les Espagnols n'avoient pas d'armées,
et que nous avons des armées superbes et en-
flammées de la plus vive ardeur : qu'ils n'a-
voient plus de capitale, et que nous en avons
une devant laquelle toutes les forces de l'ennemi
s'anéantiroient aujourd'hui, si, pour leur malheur, ses armées arrivoient jusques sous ses
murs : qu'ils n'avoient ni gouvernement ni
chef, tandis que nous avons le ministère le
plus fort qui peut-être ait jamais existé, et
pour souverain un prince dont le génie, les
immenses qualités feront l'étonnement des
siècles, et qui à lui seul vaut des armées : que
depuis quinze ans les Espagnols n'avoient pas
combattu, et que nous combattons depuis
vingt-cinq ans : qu'à l'exception des foibles
cadres de leurs armées et des contrebandiers,
il n'y avoit personne en Espagne qui eût une
idée du service militaire, et presque personne
qui eût des armes, tandis que la France en
est couverte, et que sa population se com-
pose d'hommes tout prêts pour la guerre; et

je finirai par faire observer que l'Espagne n'a pas onze millions d'habitans, et que sur un sol de la même étendue, la France en a plus de vingt-huit.

Il est donc évident que, sous tous les rapports, la position de l'Espagne devoit paroître aussi désespérée que la nôtre est rassurante ; et il est de même démontré que si les Espagnols compensèrent tant de désavantages par le seul désir de se soustraire à une domination étrangère, contre leurs véritables intérêts, et par la tenacité de leur caractère, les Français, cédant à toutes les considérations qui peuvent électriser un peuple, préserveront leur patrie du malheur d'être dévastée, et de la honte d'être vaincue et partagée : évaluant leur position, ils sentiront qu'il s'agit de tout perdre ou de tout sauver ; ils songeront que le monde les contemple, et que tous les peuples les soutiennent de leurs vœux ; ils achèveront de se convaincre que plus les circonstances sont graves, plus leur rôle est beau, et que, plus ils ont de moyens, plus ils ont d'obligations ; ils se montreront enfin dignes de leur nation, de leur temps, de leur gloire !...... et qui oseroit douter qu'ils ne le fissent ?... Qui leur feroit l'injure de croire qu'ils ne se dévouassent avec enthousiasme et constance pour la plus sainte des causes, pour celle de l'intégrité de leur territoire, de leurs biens, de leurs familles, de leur honneur et de l'humanité? Leur élan repousse, à cet égard, toute incertitude ; et il ne nous reste plus, pour faciliter et hâter leurs succès, qu'à indiquer la tactique qui, plus promptement, doit annuler les criminels efforts des barbares qui nous menacent, en les faisant tourner à leur honte et à leur destruction.

Un sujet aussi important et aussi vaste nécessiteroit des développemens immenses, et un long travail, pour être traité d'une manière complette. Nous ne pouvons consacrer à cette rédaction que peu d'instans : écartant donc tout ce qui est application, nous bornant à présenter les principes les plus généraux ; et ébauchant ce qu'il nous est impossible de rédiger avec soin, nous ne parlerons que des objets les plus essentiels, c'est-à-dire, de l'esprit public ; de l'espionnage ; de l'approvisionnement des armées nationales, et de la nécessité de priver les armées ennemies de tout ce qui peut leur être utile ; du recrutement des armées françaises ; des hôpitaux ; des armes et des munitions ; des chevaux ; des travaux de défense à exécuter, et de la guerre nationale proprement dite.

De l'esprit public dans une guerre nationale.

L'esprit public, principe et garantie de la force des empires, est la puissance devant laquelle toutes les autres puissances tombent et s'anéantissent. L'esprit public seul, en effet, encourage et soutient dans les revers, rallie dans les dangers, et enflamme dans les succès : lui seul, dans un grand péril, peut créer des ressources proportionnées au besoin ; lui seul peut utiliser toutes les ressources existantes, transformer chaque pensée utile en une volonté générale, imprimer et soutenir un grand élan ; lui seul enfin est le véritable nerf des guerres nationales.

On ne négligera donc rien de ce qui pourra fortifier l'esprit public, l'améliorer, et combattre tout ce qui menaceroit d'y porter atteinte : on ne permettra jamais de discuter, et moins encore de mettre en question ce qui sera de nature à donner le change sur ce que commandent le patriotisme et l'honneur : on alimentera l'exécration que doivent inspirer les monstres qui veulent nous punir d'avoir brisé les fers dont l'étranger nous avoit chargé; d'avoir mis fin aux humiliations dont nous étions abreuvés, et d'avoir étouffé le terrorisme religieux et féodal qui déjà levoit sa tête hideuse : enfin, pour donner à tant de victoires et de triomphes un résultat digne d'eux, utiliser tant d'efforts et de sacrifices, compenser tant d'années de malheurs et de bouleversemens, et préparer à la France un avenir réparateur, de vouloir nous assurer une constitution qui garantisse nos droits, et qui ait en elle sa garantie.

On ne se laissera pas abuser par ces hommes lâches ou perfides, qui, par des plaintes coupables, sur des maux qui ne peuvent être évités; par l'exagération des forces de l'ennemi; par l'apologie des alliés ou de leurs adhérens; par des calomnies contre la France et les Français; par des présages alarmans; par des plaisanteries hors de propos; par des ironies de nature à discréditer le pouvoir; ou par des critiques (qui même fondées, doivent être ajournées à d'autres temps), chercheroient à ridiculiser ou à attiédir le zèle, à inspirer des craintes et à répandre le découragement; mais on les signalera à l'autorité compétente, pour assurer et hâter leur répression.

On récompensera ceux qui, par leurs écrits,

leurs discours, leur exemple, leur influence, tendront à fortifier l'énergie; de même qu'on emploiera tout ce qui pourra rassurer les esprits foibles, et exalter les âmes fortes.

Les moyens propres à faire atteindre ces différens résultats seront, sans doute, adaptés aux localités, et modifiés d'après les événemens : mais dans des circonstances pressantes et aussi graves, on marchera au but par la route la plus sûre; et si l'on avoit à regretter de sacrifier à l'urgence de cette nécessité, des considérations qu'on peseroit dans des temps ordinaires, on s'en consoleroit par le bonheur d'avoir sauvé la patrie. Tout doit lui être sacrifié en pareil cas : hésiter sur ce qui peut être nécessaire, est un délit public; et ceux qui croiroient avoir à se plaindre de trop de rigueurs, n'auroient encore à accuser qu'eux seuls, parce qu'en matières semblables, le plus foible tort est déjà un crime.

Mais il nous semble qu'une disposition qui, dans ce moment, devroit produire un grand et salutaire effet, seroit de créer *un ordre de l'indépendance*, et d'en décorer tous ceux qui, dans ces circonstances, se signaleroient par leur zèle, c'est-à-dire, les fonctionnaires publics qui auroient employé leur influence à seconder le gouvernement dans ses grandes mesures de salut public; les pères qui auroient plusieurs enfans employés à la défense de la patrie; ceux qui, dans leurs foyers, se distingueroient par leur dévouement; ceux qui auroient offert des dons patriotiques; ceux qui auroient excité aux enrôlemens, par leur exemple ou leurs discours; ceux qui auroient publié des écrits propres à enflammer le zèle; ceux qui, pendant la campagne qui se prépare, se feroient remarquer par leur courage et leur dévouement; tous les blessés; et les fils aînés ainsi que les pères des braves qui auroient péri dans cette sainte lutte.

Cet ordre qui pourroit avoir trois décorations, pour proportionner les récompenses aux services, et dont l'Empereur se décoreroit, ne dureroit qu'autant que la guerre qui va commencer : la paix faite, il ne seroit plus donné à personne; mais l'état de ceux qui l'auroient reçu, seroit imprimé en un volume in-folio, divisé par département : des exemplaires de cet ouvrage, qui du reste seroit mis en vente, seroient déposés dans toutes les préfectures et dans toutes les bibliothèques publiques; et l'inscription sur ces états, seroit à l'avenir le premier titre à quelque grâce ou faveur que ce puisse être; enfin, je voudrois

que ceux qui , dans ce moment qui décidera
du sort de la France et de tant d'autres peuples,
se feront remarquer par une conduite opposée
aux intérêts de la patrie et de l'humanité ,
fussent à jamais bannis de toutes fonctions
publiques.

De l'Espionnage dans une guerre nationale.

Le rôle d'espion, le plus vil et le plus coupable de tous, quand on le fait pour quelque
intérêt personnel que ce soit, devient le plus
noble quand c'est pour le salut de la patrie
qu'on s'y dévoue.

Tout, jusqu'aux risques qui s'y rattachent,
le rend honorable et glorieux ; et ce qui, dans
des temps ordinaires, forme le métier de
quelques misérables, devient une haute vertu
dans une guerre nationale.

Tous les Français dignes de ce nom, doivent
donc regarder aujourd'hui l'espionnage comme
un devoir sacré vis-à-vis des ennemis intérieurs
ou extérieurs, et rivaliser de zèle, d'ardeur
et de moyens pour le mieux faire.

Trois objets constituent essentiellement l'espionnage dont la France a besoin en ce moment : découvrir les trahisons qui tendroient à

favoriser les coalisés; éclairer aussi promptement et aussi complètement que possible, les
chefs des autorités civiles ou militaires, sur
tout ce qui a rapport à l'ennemi ; et tromper
l'ennemi sur tout ce qu'il est intéressé à connoître.

Pour le premier, on épiera les conspirations,
les menées, les intrigues de tous les complices
de l'étranger, et on en rendra compte.

Pour le second, on fera suivre les différens
corps ennemis, dans toutes les directions, par
des hommes choisis, et au besoin, relevés de
canton en canton : on fera examiner leurs forces
en infanterie et cavalerie : on comptera leurs
canons : on fera prendre note du nom des régimens et des généraux : on transmettra exac-
tement l'itinéraire de ces corps : on ajoutera
à ces renseignemens, le relevé des rations de
vivre et de fourrage qu'ils demandent, et de
toutes leurs autres requisitions; ce qu'on pourra
savoir de l'état des troupes, de leurs dispositions et des projets qu'elles exécutent, ou que
leurs chefs projettent ; et tout ce qu'on jugera
utile de faire connoitre, employant à cet égard
les filières établies, et envoyant le tout à qui
de droit, et sans retard. Pour prévenir toute
omission importante, on pourra même faire

des imprimés devant servir à ces rapports, et au haut desquels on indiquera les faits les plus importans à constater.

Pour le troisième , on cachera avec un soin extrême à l'ennemi, tout ce qui tient à la force et aux mouvemens des troupes nationales : on s'abstiendra de répondre à ses interrogatoires : on déclarera ne rien savoir : on dénaturera les faits dont on ne pourra disconvenir : on recourra à tout ce que la ruse pourra suggérer pour le tromper sur les lieux , les forces , le temps et les projets.

On se défiera des agens que l'ennemi peut avoir dans le pays, et on les craindra, surtout dans cette classe dont les membres, à l'exception d'un petit nombre de personnes doublement estimables, regardent, depuis tant de siècles , les droits les plus insultans comme leur patrimoine, et veulent les abus pour eux et la terreur pour les autres; dans celle qui spécule sur les erreurs, et impose jusqu'aux foiblesses; et parmi ces hommes, qui égarés par des passions criminelles, ou de sordides intérêts, n'ont plus rien de français, et n'aspirent qu'à trafiquer, à leur profit, du déshonneur général, et des plus effroyables calamités publiques.

On poussera même les précautions plus loin ; et comme on devra prévoir que l'ennemi interrogera des hommes foibles, des femmes et des enfans, il faudra par fois leur persuader ce qu'on désirera lui faire croire ; les choisir parmi les gens qui auroient des opinions propres à rassurer l'ennemi ; et leur donner ensuite des missions de nature à les faire tomber à son pouvoir.

Quant à la manière de se prévenir, de s'avertir, et de transmettre les nouvelles ou rapports, voici ce que nous pensons devoir recommander.

Dans chaque village, bourg, ville, il y aura au moins un messager toujours prêt à partir pour porter les lettres, avis ou dépêches qui pourroient concerner le service public, et dont la poste ne pourroit être chargée sans retard. Suivant le pays, ces messagers seront à pied ou à cheval : l'un de ces messagers parti, sera aussitôt remplacé par un autre : ce service se fera de nuit comme de jour, et roulera pour les villages, sur tous les habitans du canton : il se fera sous la direction des maires : l'heure de l'arrivée et du départ de chaque messager, sera toujours inscrite sur les paquets qu'il devra porter, ou sur une feuille qui y sera jointe ; et pour encourager et réprimer, tout retard sera puni, de même qu'une grande diligence sera récompensée. Une partie de ce service pourra être fait par des femmes.

Du moment où l'on aura avis de l'approche de l'ennemi, il y aura sur le clocher le plus haut de chaque commune, et au besoin sur les points intermédiaires les plus élevés, deux hommes qu'on relevera d'heure en heure, et qui seront chargés de prévenir le maire ou le commandant militaire, de l'apparition ou de la marche de quelque troupe ennemie que ce puisse être, de la direction qu'elle suit, et des signaux que d'autres communes pourroient faire ; ils seront également chargés de répéter ces signaux, suivant les instructions reçues, et les moyens qui leur auroient été donnés (1).

Il faudra, du reste, réunir toujours deux hommes pour ce service, 1°. pour éviter qu'un seul ne s'endorme, et 2°. pour que l'un descendant ou accourant pour faire ses rapports, l'autre continue à observer. Les communes placées au pied d'une montagne ou hauteur plus

______

(1) De nuit, ces signaux devroient être faits au moyen de feux, c'est-à-dire, à l'aide de bouchons de paille allumés au haut de perches, de coups de fusil, etc.; de jour, ils seront télégraphiques.

2.

élevée que leurs clochers, devront avoir leurs sentinelles sur l'éminence d'où l'on découvre de plus loin. Il faudra même en avoir sur toutes les hauteurs qui borderont la route ou les routes que l'ennemi suivra, et faire faire une instruction ayant spécialement pour objet d'apprendre aux habitans à évaluer les forces de l'ennemi, à la plus grande distance possible, et à bien distinguer les armes.

Ces moyens ne seront pas cependant les seuls dont on fera usage : on favorisera la marche des espions du gouvernement et des chefs des autorités : on les cachera au besoin : on facilitera leur travestissement ; et on expédiera leurs notes et rapports par les messagers dont il a été parlé ci-dessus.

Si quelques-uns de ces messagers pouvoient être rencontrés, arrêtés et fouillés par l'ennemi, on feroit les lettres, etc., sur de petites bandes de papier fin qu'on rouleroit ensuite, qu'on serreroit autant que possible, qu'on fermeroit avec du pain à cacheter, et qu'on auroit de cette manière mille moyens de cacher (1).

---

(1) On correspondoit en Espagne au moyen de petits rouleaux semblables. Ceux qui étoient bien faits n'avoient pas un pouce de long, et n'étoient guère plus gros qu'une forte épingle.

(21)

Enfin, l'on pourroit avoir par département des chiffres pour les communications les plus importantes; mais on les changeroit souvent pour être en mesure contre les trahisons, et pour rendre inutiles les efforts que feroit l'ennemi pour en trouver la clef. Afin qu'il y parvienne plus difficilement, on observeroit cependant de supprimer les doubles lettres et les *e* muets; de ne séparer les mots que par des chiffres de convention, et de ne chiffrer que les phrases qu'on voudroit tenir secrètes. On devroit même, pour s'accoutumer à se servir de ce moyen de correspondance, s'y exercer d'avance.

De cette manière, on éviteroit toutes les surprises : on donneroit à temps toutes les nouvelles qui pourroient avoir quelqu'importance; et on sauveroit aux corps de troupes agissans l'incertitude, qui paralyse même la force, et qui seule rend les chances de la guerre douteuses.

Du soin d'approvisionner les armées nationales, et de priver l'ennemi de ce qui peut lui être utile ou nécessaire.

Les réglemens n'accordent aux soldats que ce qui leur est indispensable pour subsister et être en état de soutenir leurs fatigues. Une armée est dans l'abondance quand les troupes qui la composent, peuvent recevoir le stricte nécessaire ; mais il n'y a à cet égard aucun intermédiaire, et au-dessous de ce point, la misère commence : elle produit les souffrances : le mécontentement la suit : on ne peut lui assigner de bornes ; et le découragement en est le résultat prochain et inévitable.

Ce que j'ai dit des vivres, relativement aux troupes, s'applique en ce qui tient aux fourrages, à la cavalerie, à l'artillerie, aux équipages et aux transports ; et en ce qui tient à l'argent, à l'armée entière, sous le rapport de la solde, des masses et de tous les autres besoins.

Il n'y a pas d'efforts, de sacrifices et de soins, qui, dans une lutte comme celle qui se prépare, doivent coûter à des Français, pour prévenir dans nos armées tous les maux qui résultent de la disette d'argent, de fourrages et de vivres, et la moindre tiédeur à cet égard prouveroit la trahison.

Mais si le zèle de la nation entière doit préserver nos troupes de toute espèce de besoins, il doit tendre à multiplier les besoins de l'ennemi.

Graduant ses moyens suivant les circonstances, on commencera par désobéir à ses ré-
quisitions; on opposera l'inertie à ses menaces,
en disant que les troupes nationales empêchent
les expéditions, et châtient les communes
qui obéissent à l'ennemi ou le servent : on tâchera de résister à ses exécutions; et enfin
détruisant ce qu'on ne pourra ni enlever ni
cacher, ni lui soustraire, on brûlera à son approche les meules, les granges , les magasins
de bled, de fourage, de légumes : on brisera
les moulins à eau et à vent; et l'on fuira avec
les chevaux, les voitures, les bestiaux, ses principaux effets et son argent (1).

Qu'on espère pas, en rejetant ce moyen,
sauver quelque chose de ce que l'ennemi pourra

---

(1) Il faudroit indiquer de suite aux habitans de chaque
canton une ligne d'évacuation, afin que l'ennemi approchant,
ils n'aient plus qu'à charger les effets qu'ils voudroient emporter, et que d'avance ils auroient triés ; brûler ce qui devroit
l'être, et partir, afin que dans leur marche ils soient couverts
par les corps de l'armée sans les embarrasser.

Objectera-t-on que l'entière exécution de cette idée est impossible, je le sais : mais partiellement exécutée elle fera déja un
bien immense. Elle diminuera les ressources de l'ennemi : elle
fera tomber tout le poids de ses besoins sur les récalcitrans ,
et leur ruine entière , qui en sera la conséquence , exaspérera
contre lui ses partisans mêmes : enfin elle autorisera à faire
faire par les troupes ce que la coupable disposition de quelques
habitans les empêcheroit de faire.

saisir : la masse de ses besoins, et plus encore celle de ses dégâts, dévoreront tout. Ce qu'il pourra se procurer ne fera donc qu'alimenter la guerre, qu'il ne peut soutenir en France qu'avec les ressources de la France. Dans le fait, il est impossible qu'il transporte à sa suite, ou qu'il fasse venir de loin les vivres et fourrages dont il aura besoin. Ce qu'il ne trouvera point sous ses pas, n'existera pas pour lui ; et si le système que je propose, et qui, en 1810 et en 1811, nous a été si fatal en Portugal, étoit suivi sur une ligne de quinze lieues de profondeur seulement, l'ennemi seroit arrêté, quelque direction qu'il suivît ; ses corps seroient divisés ; toute harmonie dans ses opérations seroit rompue ; et les plus grands désastres accableroient bientôt ses armées.

Quant à nos levées en masse, comme les administrations militaires ne pourront être en mesure d'assurer leurs besoins, il faudra, dès qu'elles agiront, que les hommes qui en feront partie portent avec eux des vivres pour quatre jours ; et cela leur sera d'autant plus facile, qu'ils ne se déplaceront jamais que pour peu de temps ; qu'ils ne s'éloigneront pas de chez eux ; et que, n'ayant pas de bagages à porter, ils n'auront à se charger que de leurs vivres et de leurs armes. Si, du reste, ils éprouvoient des besoins momentanés, les habitans des lieux où ils se trouveroient, seroient chargés de les nourrir à un prix fixé, et au compte des individus ou de l'Etat.

Du recrutement des armées nationales.

S'il s'agissoit d'une guerre ordinaire, d'intérêts ordinaires, ou d'une lutte qui dût se soutenir et se décider hors de France ou sur les frontières, on pourroit fixer la force des armées, et s'en tenir aux modes de recrutement décrétés ou à décréter : mais en parlant d'une guerre nationale, je parle d'une guerre à laquelle la France même doit servir de théâtre, et dès lors, tous les Français en état de prendre les armes appartiennent à l'armée : tous les choix sont faits par la nature : tout ce qui peut combattre doit combattre; et il ne reste plus qu'à répartir les hommes de manière à en tirer le plus grand parti.

A cet égard, tout ce qu'il y a de jeunes gens doivent remplir ou compléter, à fur et mesure des besoins, les cadres des armées.

Ceux qui ne peuvent y avoir de place, doivent, en attendant qu'ils puissent y entrer, se réunir aux corps francs à pied et à cheval, qui doivent se composer de tous les hommes pouvant se monter, et de tous les bons tireurs, les chasseurs y compris. Les hommes plus âgés doivent former des corps patriotiques qui, sous le nom de gardes nationales sédentaires, ou de levées en masse, seroient destinés à faire la guerre dans leur département, et à rallier à eux tout ce qui est en état de manier une arme, et a pu s'en procurer une : enfin, les hommes qui ne seront plus propres au service militaire, ou qui n'auroient pu être armés, doivent se rendre ntiles en servant comme messagers, en espionnant l'ennemi, en le guidant mal, en le faisant donner dans nos ambuscades, en éclairant les flancs de nos colonnes, et en indiquant à nos troupes les sentiers, les gués, les routes, etc., qu'elles peuvent être intéressées à connoître.

La présence d'un jeune homme dans ses foyers ou dans les administrations de l'intérieur ou des armées, doit donc au 15 juin prochain être un crime ; et dans un moment de danger, toute inaction d'un homme au-dessous de soixante ans, et non infirme ou malade, un délit.

Je ne parle pas des villes de guerre : toute

leur population , les femmes y comprises , ap-
partient à leur défense; et sans doute les femmes,
à l'exemple des Jeanne Hachette , des Jeanne
d'Arc , des comtesses de Livron , des femmes
d'Hennebon, et des trois cents Vosgiennes qui
viennent de partir pour combattre sur des rem-
parts , s'empresseront dans cette sainte occasion de renouveler des faits dont l'histoire
s'énorgueillit , et auxquels la France est si
loin d'être étrangère.

Tels sont , en effet , dans les circonstances
actuelles les devoirs de tous les Français : mais
l'opinion seule peut faire remplir des devoirs
de cette nature : de tels résultats sont hors de
la puissance des gouvernemens : ils sont dans
les sentimens de l'honneur national, dans l'in-
térét et le besoin général bien évalués , bien
sentis; et c'est à l'esprit public à la produire,
à l'aide de mesures qui seront légitimes, du
moment où elles auront été efficaces.

Des Hôpitaux.

Il n'y a pas de situation où l'homme ne soit
sujet à des maladies , et, à plus forte raison y
est-il sujet dans ces grands rassemblemens qu'on
nomme armée.

Plusieurs causes concourent à cet effet : la prompte corruption de l'air partout où beaucoup d'hommes se trouvent réunis : le changement de climat et d'habitudes : le manque ou l'excès de nourriture : le défaut d'abri, l'intempérie des saisons, la privation du sommeil, et l'excès des fatigues.

Il n'existe qu'un moyen de diminuer les ravages des maladies dans une armée, c'est d'y avoir de nombreux hôpitaux, tous bien administrés et bien approvisionnés, établis à de grandes distances les unes des autres, et ne renfermant guère que la moitié des malades que l'on pourroit y mettre ; et c'est l'excessive difficulté de leur assurer ces avantages, qui a fait admettre en axiome, que même dans une guerre ordinaire, je veux dire dans une guerre où une armée est toujours maîtresse de ses derrières, et ne manque de rien, les hôpitaux dévorent deux fois plus d'hommes que le fer de l'ennemi n'en moissonne.

Quelle sera donc l'énormité des pertes de cette nature dans une guerre, où une armée étrangère sera réduite à des fatigues écrasantes et continuelles : où elle manquera de vivres à chaque instant : où le moral du soldat s'affectera de plus en plus : où les hôpitaux ne pouvant être placés que dans des villes fermées , seront en si petites quantités , manqueront des choses les plus essentielles , seront toujours encombrés , et où les soldats malades ou blessés n'arriveront qu'à la suite d'évacuations que les distances rendront si lentes , que le manque de moyens de transports rendra si pénibles ? Ils seront donc à moitié détruits par les souffrances, et pour ainsi dire sans ressources, avant d'avoir pu trouver quelque repos , ou recevoir les secours les plus urgens.

Mais cette cause de destruction , énorme pour toute armée engagée dans une guerre nationale , sera presque nulle pour les armées qui la feront , parce que le sentiment qui la fera faire proportionnera les secours aux besoins.

Dans le fait , les hôpitaux ne seront pour de telles armées que des moyens supplémentaires : c'est dans le peuple entier que se trouveront les secours , comme c'est en lui qu'est la force. Chaque défenseur de la patrie deviendra donc pour le temps de ses souffrances , un fils d'adoption pour tous les Français : il suffira qu'il soit malade ou blessé , pour que de toute part les habitans s'empressent de le transporter et de pourvoir à ses premiers besoins : cent familles se disputeront le plaisir de l'accueillir et de le soigner : les maires ne seront chargés de désigner la maison qui devra le recevoir, que pour connoître les militaires en traitement dans leur commune, et pouvoir donner des renseignemens sur ceux qui y auront été : de cette manière, entourés de sollicitude, de soins efficaces et de consolation, nos défenseurs auront reçu par cela seul les soulagemens les plus salutaires : répartis sur tout le sol de la France, ils n'auront à craindre ni mauvais air ni épidémie : confiés à une famille et par représaille autant que par humanité et par sentiment national, traités comme les enfans de la maison, ils ne manqueront de rien : nos hôpitaux n'ayant pas à recevoir la dixième partie de nos malades ou blessés, et réservés pour les grandes maladies et les grandes blessures, pourront être mis et maintenus dans le meilleur état : on n'aura pas même besoin de dépôts de convalescence : les causes les plus actives de mortalité, dans les armées les plus heureuses, auront cessé d'exister pour nous; et pendant que l'ennemi s'anéantira par l'effet des ravages de la guerre et des hôpitaux, nous cumulerons le double avantage de promptes guérisons et de guérisons nombreuses.

Nous pensons que l'indication seule de ce

mode qui a été si bien suivi par les Espagnols
dans la guerre dont nous avons parlé au com-
mencement de cet écrit, suffira pour qu'il soit
adopté par acclamation ; pour que les autorités civiles et militaires de chaque département s'occupent sans retard d'en préparer
l'exécution ; et pour que l'annonce officielle
qu'elle deviendra pour tous les Français un
devoir sacré, encourage d'avance les braves
qui vont se dévouer pour le salut de la France,
console et rassure leurs familles.

Des Armes.

Le nombre d'hommes qu'une guerre nationale met sur pied, rend nécessairement le
nombre des armes insuffisans, en quelque quantité qu'il en puisse exister.

Les ressources à cet égard ne seront donc
jamais en raison du besoin ; et si sur un point
quelconque il s'en trouvoit assez, on en manqueroit indubitablement sur beaucoup d'autres.

Je ne parle pas des armes appartenant à des
personnes qui elles-mêmes les utiliseront pour
la cause commune, attendu qu'il n'y aura, relativement à ces armes, aucune disposition à
faire. Quant aux autres, elles seront, d'après

les ordres les plus sévères , portées aux chefs-
lieux des principaux cantons : on réunira également toutes celles qu'il sera possible d'enlever à l'ennemi : il faudra même, pour rendre
ce dernier nombre plus grand , exciter les habitans pauvres à rechercher et à recueillir cette
masse d'armes qu'une armée laisse toujours sur
son passage , et à les apporter à ces dépôts ,
en les payant argent comptant, moitié ou le
tiers de leur valeur (1).

Ces armes ainsi rassemblées sous l'inspection
des maires , et la garde d'anciens sous-officiers
d'artillerie , seront classées : celles qui auront
besoin d'être réparées, le seront aussitôt : des
états en seront dressés et envoyés au général
commandant et au préfet ; et d'après leur approbation ou leurs ordres , ce qui sera nécessaire à l'armement des habitans , sera donné
sur récépissé , et le reste envoyé aux chefs-
lieux du département, ou de la division, pour
y être utilisé.

Au reste, si un dépôt d'armes devoit tomber
au pouvoir de l'ennemi, on mettroit hors d'état
de servir toutes les armes qu'il ne seroit pas

____

(1) Pour couvrir cette dépense, les hommes que l'on armera
paieront les armes qui leur seront données au prorata de leurs
moyens.

possible de lui soustraire, et on se mettroit d'avance en mesure d'exécuter cette disposition.

On conçoit que tout ce que nous avons dit des armes, s'applique naturellement aux munitions et objets de fourniment; et que les ressources existantes dans nos arsenaux seront employées à armer et approvisionner nos levées, autant que cela ne compromettroit pas le service des armées et des places.

Des chevaux.

On peut défendre un pays sans une cavalerie nombreuse : on ne peut l'envahir sans une cavalerie immense.

Celle de l'ennemi est donc un de ses plus puissans moyens de conquête et de conservation : mais pour assurer quelque durée à ce moyen, il faut pouvoir ménager ses chevaux, et en renouveler sans cesse un très-grand nombre. Or, l'un demande des soins qu'une guerre nationale rend impossibles, et l'autre requiert de grandes ressources locales, ou des dépenses énormes.

Tous les efforts doivent donc tendre à détruire la cavalerie de l'ennemi, et à l'empêcher de la remonter ; et *la guerre aux che-vaux* doit former une des parties les plus actives de la guerre d'un peuple.

Pour faire et soutenir une telle guerre, on observera deux choses ; la première, de ne laisser sur le passage de l'ennemi, ou à sa portée, aucun cheval en état de lui servir, et de tuer tous les chevaux disponibles qui ne pourroient lui échapper ; la seconde, de diminuer le nombre de ses chevaux , et de les ruiner par tous les moyens possibles.

A cet effet, on dressera des gens de tout âge et de tout sexe à s'introduire de jour ou de nuit dans les écuries, ou bivouacs d'équipages ou de cavalerie de l'ennemi , et à crever les yeux des chevaux, ou à leur couper les jarrets : on creusera dans les écuries des trous qu'on couvrira pour les cacher , et dans lesquels les chevaux s'estropieront : on empoisonnera les petites mares où il aura besoin d'abreuver ses chevaux : on corrompra l'avoine, l'orge et le son qu'on ne pourra lui soustraire : on brûlera les meules et magasins de fourrages (1) : on brûlera les écuries où un grand

---

(1) Les Espagnols qui, contre nous, ont employé tous ces moyens, se servoient pour ces incendies de fusées phosphoriques, qu'ils lançoient pendant la nuit avec des arbalètres.

nombre des chevaux de l'ennemi seront réunis :
on tâchera d'enclouer ses chevaux en couvrant
les ponts, les entrées de villes ou de villages,
où il devroit passer ou arriver de nuit, et l'intérieur des écuries, de verre cassé et de petites
chausses-trappes ; en hérissant le fond des
gués de pieux affilés, et en minant les écuries:
on forcera la cavalerie ennemie de prendre les
armes toutes les nuits, pour mieux harrasser
ses chevaux ; enfin, on enlèvera à l'ennemi
tous les chevaux qu'on pourra surprendre : on
les réunira à ceux que les attaques ou combats
lui feront perdre, et on se hâtera de les diriger
tous sur les grands dépôts, qui seront formés
et connus, pour être estimés et payés aux pre-
neurs, et répartis entre les armes et les services, suivant leur espèce et les besoins.

Du reste, pour sauver aux habitans la res-
ponsabilité de ces moyens, on ne les fera
mettre en pratique que par des troupes réglées
ou non réglées, mais toujours par des gens
d'autres communes; et pour que l'ennemi n'en
soit instruit que par le mal qu'il en éprouvera,
on les emploiera secrètement, on guètera ceux
qui pourroient en prévenir l'ennemi, et on ne
se retirera, la nuit surtout, qu'à son arrivée,
en échangeant quelques coups de fusil, pour

3.

empêcher qu'il ne puisse prendre des précautions, et en suivant les faux-fuyans qu'on se
sera préparés, et qui devront être impraticables pour sa cavalerie.

Est-il nécessaire d'observer que ce système
adopté multipliera les pertes de l'ennemi sur
un si grand nombre de points, que quelque
foibles qu'elles paroissent sur chacun d'eux,
elles n'en seront pas moins énormes, et finiront
par être décisives ?

Des Retranchemens à élever, et autres travaux de défense à exécuter.

L'habitude de la guerre familiarise avec une
partie de ses dangers. Une troupe ordinaire
soutient sans mérite le feu de l'artillerie ou de
l'infanterie : une troupe bien animée charge
une ligne d'autres troupes, et attaque même
l'ennemi dans une position avantageuse ; enfin
une troupe choisie, bien disposée et bien com-
mandée, enlève des batteries, escalade des
redoutes, et donne l'assaut à une place. Mais
ce seroit une grande erreur de croire que de
tels efforts de courage pussent se répéter souvent. Les troupes les mieux composées en sont
à peine quelquefois capables ; et comme les

hommes les plus braves, ceux qui donnent l'impulsion aux autres, périssent en grand nombre dans des entreprises de cette nature, il devient évident que les corps qui y auront été les plus propres, en deviendront promptement les moins capables.

Cette observation prouve qu'un pays que les habitans hérisseroient d'obstacles, seroit impraticable pour les armées étrangères les plus nombreuses et les plus braves ; et le prouve d'autant mieux, que derrière des retranchemens il ne faut pas de manœuvres, il ne faut que savoir charger une arme, ou se battre corps à corps, parce que, pour les attaquer, l'ennemi est obligé de renoncer à toutes les formations. Je sais qu'au moyen du canon il peut ruiner de telles défenses, et en faciliter l'enlèvement ; mais il n'y perdra pas moins plus de monde que le succès ne pourra le compenser : il usera en peu de jours toutes les munitions qu'une armée peut traîner à sa suite ; et comme la marche de ses convois deviendra toujours plus difficile et plus lente, à mesure qu'il avancera dans un pays où la guerre aura été nationalisée, il sera bientôt obligé de s'arrêter et de se retirer.

Les habitans ne négligeront donc rien pour utiliser cet immense moyen de défense et de succès.

En conséquence, si des armées françaises manœuvrent à leur portée, **ils** se porteront en foule pour exécuter les travaux que leurs généraux en chef jugeront néce saires pour faciliter leur résistance ou leurs mouvemens; mais **s'ils** sont réduits à eux-mêmes, il n'y en aura pas moins un grand nombre qu'ils pourront faire.

De cette manière, si l'ennemi se présente pour passer une rivière non guéable, ils tireront tous les bateaux à eux, les brûleront, s'il le faut, et défendront, mineront ou couperont les ponts, d'après les instructions qu'ils devront avoir, et dont je parlerai; mais, dans tous les cas, ils en disputeront le passage avec la plus grande vigueur.

Si une route, qu'il peut importer à l'ennemi de suivre, traverse un marais, ou si le terrain qui se trouve sur ses côtés n'est pas praticable, ils la couperont de distances en distances par des redans, et la fermeront, à sa sortie, par une bonne redoute, ou blockhaus, en y construisant un hangard, et en y plaçant des vivres qui puissent substanter dix jours le nombre d'hommes nécessaires à sa défense.

S'ils ont des bois que l'ennemi ait à traverser, ils y prépareront, suivant les localités, des abattis, des coupures, des redoutes et autres obstacles de la même nature.

Si des inondations peuvent faciliter leur résistance sur quelques points, ou de quelque manière que ce soit, et qu'il existe un ruisseau propre à la produire, ils le barreront par une digue, qu'ils couvriront par un ouvrage.

S'ils ont à leur portée des montagnes, ils retrancheront ses endroits les moins accessibles, pour pouvoir s'y réfugier avec ce qu'ils auront de plus précieux, et incommoder de là l'ennemi : bien entendu qu'ils tâcheront de s'établir près des routes, afin d'empêcher ou de gêner ses mouvemens.

S'il s'y trouve des chemins creux, ils tâcheront de les rendre impraticables, et construiront des redoutes sur leurs bords, pour que l'ennemi n'ose pas s'y engager.

Si des routes passoient au bas de montagnes ou de rochers escarpés, ils y prépareroient tout pour écraser l'ennemi, en faisant rouler de grosses pierres au moment où il les suivroit.

Faute d'autres moyens, ils feroient de larges coupures sur les grandes routes; enfin ils pourroient, selon les circonstances, pratiquer des redoutes sur quelques monticules, et changer en réduits, des églises et autres bâtimens forts, les créneler, et les entourer de trous de loup, de chevaux de frise, de herses, bien entendu que les habitans qui, dans leurs communes ou arrondissemens n'auroient aucuns travaux semblables à faire, aideroient ou seconderoient les habitans des communes limitrophes où l'on devroit en exécuter.

Les hypothèses que nous venons d'examiner n'ont cependant rapport qu'aux moyens d'empêcher l'ennemi d'avancer ; mais il y a d'autres cas où des constructions de cette nature seroient nécessaires.

Ainsi, l'ennemi ayant dépassé un canton, et à plus forte raison un département, on fera, pour empêcher ou gêner son retour, ce que l'on aura fait pour s'opposer à son arrivée. On réparera les ouvrages que l'ennemi aura détruit, et on construira des ouvrages nouveaux pour arrêter la marche des colonnes mobiles, des escortes qu'ils feroient partir, et toutes les troupes, etc., qui viendroient le rejoindre ; enfin l'on couvrira les flancs même de l'ennemi de nombreux retranchemens.

Dès lors, l'ennemi sera réduit, pour avoir quelques vivres, ou pour communiquer momentanément sur quelques points que cela puisse être, de faire agir des divisions ou corps en-

tiers, et de se résoudre à des attaques incertaines
et ruineuses en hommes et en munitions; et les
troupes, qu'en pays ennemi surtout, l'idée
seule d'un retranchement élevé sur leurs
derrières alarme, se décourageront bientôt,
quand elles sauront que de tels obstacles se
multiplient autour d'elles, et qu'une disette,
ou plutôt une misère toujours croissante est le
moindre malheur qui se rattache à cet état de
choses.

La situation de l'ennemi deviendra donc
chaque jour plus désastreuse, par la masse
des risques, des embarras qui s'y rattachera;
par les pertes qu'il fera; par les terreurs comme
par les maux qui le frapperont; et il apprendra
trop tard qu'une armée a tout à craindre d'un
peuple, tandis qu'un peuple, qui veut user de
sa force et de ses moyens, a peu à craindre
d'une armée, parce qu'un peuple peut toujours
finir par venger, sur une armée entière, le mal
qu'elle ne peut faire que sur quelques points,
et à quelques individus.

De la Guerre nationale proprement dite.

Comprimer les ennemis du dedans, et les
frapper au besoin par des châtimens exem-

plaires : exciter le zèle des hommes dévoués,
et payer les services rendus par d'éclatantes
récompenses : signaler par des décorations ho-
norables, ceux qui, dans cette grande époque,
se seroient distingués par leur zèle pour la
Patrie et l'Empereur : tromper l'ennemi sur tout
ce qu'il a intérêt à savoir, et informer aussi
complètement que rapidement les chefs des
autorités ou des corps français, de tout ce
qui peut leur importer de connoître : priver
l'ennemi du nécessaire, et assurer l'abondance
dans nos camps : hérisser d'ouvrages les posi-
tions ou places que l'ennemi peut avoir besoin
d'occuper, et les routes par lesquelles il doit
passer, ou qui sont nécessaires à sa subsis-
tance et à ses communications : faciliter les
mouvemens de nos armées : recruter nos régimens, les corps francs ou partisans, et les
gardes nationales mobiles et sédentaires : orga-
niser sur tout le sol de la France des levées
en masse, qui, à la seule approche de l'ennemi, fassent sortir de terre des millions de
combattans : ôter à l'ennemi tous les moyens
de faire soigner ses malades et ses blessés, et
faire concourir la France entière à offrir à nos
troupes des secours de cette nature, et à les
faire durer autant que le besoin : augmenter

la quantité de nos armes, et assurer leur meilleur emploi, sont des résultats immenses, mais ne forment que les préliminaires d'une guerre nationale.

Ce but atteint, on a rendu les opérations de l'ennemi incertaines et lentes : on a préparé sur chacun de ses pas de nouveaux obstacles : on lui a occasionné des privations qui tuent l'ardeur de ses troupes, et multiplient les maladies : on s'est assuré des armées qui ne peuvent que grossir, quand celles de l'ennemi doivent s'affoiblir sans cesse ; mais on n'a encore rien fait de digne d'une nation valeureuse, d'une nation menacée dans son indépendance, insultée dans son honneur et dans tous ses droits, et frappée dans ses intérêts les plus chers et les plus sacrés. Dans le fait, on n'a encore employé que les moyens auxquels le peuple le plus foible pourroit recourir en pareil cas, tant que l'on n'a pas paru dans l'arène, où la vengeance doit laver un grand outrage fait à la génération entière, à celles qui doivent la suivre, et aux mânes de tant de héros morts pour préserver leur patrie de l'asservissement, et pour lui garantir de nobles destinées.

Il faut donc pour acquitter la dette sacrée

qui est imposée par l'honneur et la nécessité, que sans distinction d'âge, d'état ni de sexe, tous ceux qui, contre l'ennemi commun, peuvent employer quelque moyen de destruction que ce soit, en fassent usage ; et qu'en même temps qu'on brûlera ce qu'on ne pourra lui soustraire, qu'on lui disputera tous les passages, on l'accable sous les décombres des villes dans lesquelles il pénétreroit ; on incendie les forêts où il chercheroit des retraites ; et on corrompe les vivres qui ne pourroient lui échapper : il faut également que le peuple se persuade, que dans une agression aussi atroce, tout est légitime contre un ennemi qui fait des brûlots, des cornets empoisonnés (1), et des feux à la congrève des moyens ordinaires.

Cependant, comme il est impossible de faire généralement suivre une marche aussi vigoureuse ; que, faute de temps, on pourroit, sur plusieurs points, le vouloir vainement, il est d'autres moyens moins prompts sans doute, mais aussi sûrs.

Nous avons dit que la France étoit peuplée

----

(1) Pendant le camp de Boulogne, les Anglais empoisonnèrent plusieurs de nos équipages, en profitant des vents du nord pour chasser vers eux des exhalaisons d'arsenic brûlé

d'hommes intelligens, adroits, braves, et qui, en grande partie, ont fait la guerre dans tous les grades ; qu'une immense quantité d'armes à feu sont répandues en France ; que leur nombre s'accroît chaque jour, et que presque tout le monde sait en faire usage ; mais nous ajouterons, qu'il faut que ceux qui n'auroient pas d'armes à feu, s'arment de suite de quelqu'autre manière que ce soit ; et que ceux qui ne feroient partie d'aucune troupe organisée s'arment secrètement, aient une cachette où leurs armes soient à l'abri des recherches, se choisissent des chefs qui, dans l'occasion, puissent les réunir et les diriger, adoptent des signes de reconnoissance, des lieux de rassemblement et des bruits de ralliement (1), et forment les levées en masse qui compléteront le système défensif de la France.

Ainsi préparé à la guerre, on verra l'ennemi paroître.

Ici, deux hypothèses se présentent : celle où l'ennemi auroit une de nos armées ou divi-

---

(1) Le son des cloches, les cors de chasse, le bruit qu'on fait en frappant sur des chaudrons, les cris répétés par des hommes postés de toute part, etc. etc. sont des moyens de ralliement dont les Espagnols ont fait usage.

sions en tête, et celle où des habitans n'auroient aucune de nos troupes réglées à leur portée.

Dans le premier cas, c'est-à-dire, si un de nos corps manœuvre en se reployant devant l'ennemi, toutes les levées du pays où il agira, et des pays avoisinans, sous quelques dénominations qu'elles existent, se porteront en avant pour seconder nos troupes, et se répandront sur les flancs et les derrières de l'ennemi, afin de le harceler, le fatiguer, empêcher ou gêner ses communications, enlever ses convois, s'emparer de ses traînards, ses maraudeurs, ses isolés, ses malades et blessés, et enfin ajouter à ses pertes, à ses embarras et à ses appréhensions, en tout ce qui sera possible.

Si, comme on doit s'y attendre, l'ennemi détache des corps de cavalerie contre nos partisans ou levées en masse, il n'y a, pour des troupes non exercées aux manœuvres, qu'une chose à faire, c'est de se serrer promptement et de se réunir en un groupe qui n'aura pas besoin d'être très-fort pour devenir impénétrable. Les troupes réglées forment, en pareil cas, des carrés qui, même sur deux hommes de profondeur, ont résisté aux Mamelucks, la première cavalerie du monde; et cette formation a en effet le double avantage de faire tirer

plus d'hommes à la fois, et de pouvoir plus
rapidement remettre en bataille ou en colonne
la troupe qui l'a exécutée. Mais il seroit trop
dangereux de chercher à conserver ces avantages à des habitans qui n'ont pu perfectionner
leur instruction militaire. Le point essentiel
est de les préserver d'un désastre, et ce but
sera rempli du moment où ils seront réunis en
masse : aussi quelque forme qu'ils présentent,
ils devront non-seulement attendre la cavalerie
ennemie avec confiance, mais ils pourront
même marcher à elle, surtout s'ils peuvent
l'attaquer avec des piques ou des lances, et
quelques armes à feu (1).

Si indépendamment de la cavalerie, l'ennemi
fait marcher contre nos levées, de l'artillerie,
elles se retireront jusqu'à un bois, où elles
puissent s'arrêter et se défendre, ou sur le point
qui leur aura été indiqué : enfin, s'il envoie de
l'infanterie, elles se retireront de même en sou-
tenant son feu et en y répondant, mais toujours
en restant en garde et en mesure contre une
brusque attaque de cavalerie, c'est-à-dire en
ne se séparant pas et en tenant leurs éclai-
reurs ou tirailleurs à petite distance.

____

(1) La perte de l'ennemi sera aussi sûre que prochaine , du
jour où l'expérience aura démontré cette vérité.

Si l'ennemi prend position, c'est-à-dire, s'établit sur un terrain quelconque de manière à faire penser que son intention soit d'y passer plusieurs jours, et que, d'après notre supposition, il le fasse en présence d'un corps français, il pourra s'y décider par trois motifs; pour reposer ses troupes ou faire des vivres; pour attendre que d'autres corps de la coalition soient à sa hauteur, le rejoignent ou continuent leur mouvement offensif; et enfin pour préparer sa retraite.

Dans le premier cas on ne sera occupé qu'à multiplier les moyens de fatiguer ses troupes et de les affamer, afin de lui faire manquer les deux buts qu'il se sera proposé; et en secondant les troupes réglées on y parviendra, en ne laissant aucune resource à sa portée, en le forçant à des expéditions qui nécessiteront et coûteront d'autant plus d'hommes, et seront d'autant plus pénibles, qu'elles se feront sur des points plus eloignés; en lui disputant les moindres quantités de vivres; en les lui faisant payer du sang de beaucoup d'hommes; en le mettant dans la nécessité d'ajouter encore à ses fatigues et à ses pertes, pour rassembler les plus foibles moyens de transports; en le harcelant pendant tous ses trajets; et, au moyen de fausses alertes combinées de cent manières, et de nouvelles ingénieusement fabriquées, et adroitement données, en le forçant à prendre les armes toutes les nuits.

Dans le second cas, on suivra la même marche, mais avec d'autant plus de circonspection que l'ennemi sera plus en état d'agir, que ses forces seront plus considérables, ou qu'il devra être rejoint plutôt, ou appuyé de plus près par des corps plus nombreux : mais quelque soient ses moyens, on n'en sera pas intimidé : on songera que c'est un torrent qui se déssèche en coulant, et un incendie qui s'éteint d'autant plus vite qu'il a commencé à être plus violent : et on n'en sera que plus occupé d'imaginer des entreprises qui doivent être favorables, et que plus ardent à les exécuter.

Dans le troisième cas, les troupes réglées tiendront l'ennemi en échec, et les corps francs se jetteront sur ses derrières, pendant que les levées en masse se porteront sur ses flancs ; on préparera toutes les opérations exécutables (1) ; on agira de nuit, et avec d'autant

______

(1) Incendie d'un parc d'artillerie ou de vivres, enlèvement d'un quartier-général, d'un cantonnement de cavalerie, d'un corps de flanqueurs, d'une arrière-garde, etc. etc.

plus d'audace que de nuit on n'aura à craindre
ni la cavalerie, ni l'artillerie, que les localités
seront toujours parfaitement connues aux assail-
lans, et qu'ils devront avoir intelligences et
appuis dans tous les villages et villes occupés
par l'ennemi. Si cependant aucune opération
de ce genre n'étoit possible, on se borneroit à
de fausses alertes, et on ne manqueroit pas l'occasion de fatiguer ceux que l'on ne pourroit
encore vaincre (1). Ce moyen efficace contre
toutes les troupes le seroit même d'autant plus
contre la cavalerie que des chevaux qui sont long-
temps sellés, qui ne peuvent rester tranquilles
la nuit, seul temps où ils dorment et se délassent,
des chevaux qui bivouaquent, dont aucun repas
n'est réglé, et qui mangent à terre le foin et
surtout l'avoine, contractent bientôt de nombreuses maladies, et sont promptement hors
de service. Enfin, lorsque l'ennemi effectuera sa
retraite, tout ce que l'acharnement peut inspirer et faire exécuter sera employé pour que sa
destruction soit entière, et on ne lui accordera

---

(1) Quatre ou cinq cents hommes bien dirigés, agissant avec
intelligence, et renouvelés chaque nuit, peuvent donner l'alarme
à toute une ligne de cantonnement, et tenir pendant les nuits
entières plus de dix mille hommes sur pied.

ce qu'on appelle *un pont d'or*, qu'à la dernière nécessité.

Voilà ce qui concerne essentiellement les levées en masse servant d'auxiliaires à des troupes réglées et à des corps francs; mais d'après notre seconde hypothèse les habitans armés, réduits à eux-mêmes, suivront une autre tactique.

Si le corps ennemi qui pénétrera dans un de nos départemens où la guerre nationale aura été organisée est considérable, ou s'il forme l'avant-garde d'un corps nombreux, ce qu'on devra savoir, et qu'on ne puisse suspendre sa marche à l'aide d'obstacles naturels ou préparés, on le laissera passer, dans les communes du moins, parce que dans les routes on ne perdra aucune occasion de l'attaquer ou de le harceler.

Si l'on peut l'arrêter au moyen d'une rivière on fera ce que nous avons dit à cet égard en parlant des travaux de défense à exécuter.

Si l'on a pu faire quelques bonnes redoutes sur des points élevés, quelques blockchaus dans des endroits favorables, ou changer quelques bâtimens fortement construits en réduits; si l'on a exécuté ces travaux de défense dans des endroits où l'ennemi n'ait pas de motifs pour

arrêter de gros corps, et ne doive que passer;
et si l'on peut y présager une résistance utile,
on y jettera une garnison suffisante avec des
vivres pour dix jours : on conviendra avec
celui qui y commandera du jour et de l'heure
auxquels on le délivrera ; et comme l'ennemi
n'aura pas suspendu sa marche pour prendre
de tels forts ou redoutes, qu'il n'aura laissé que
le nombre d'hommes nécessaire pour les bloquer,
et que l'on pourra toujours proportionner les
moyens d'attaque à la résistance possible, on
sera presque sûr de réussir, au moins à faire
sortir la garnison. Observons cependant encore,
que certain d'un succès entier, on agira de
jour pour qu'aucun ennemi n'échappe ; mais
que dans le cas contraire on préférera la nuit,
pour les raisons que nous avons déjà dites.

Dans tous les cas, lorsque les divisions de
l'ennemi auront dépassé de dix lieues au plus
une commune, quelle qu'elle soit, tous les hommes
susceptibles de combattre se mettront en campagne, et commenceront par faire main-basse
sur cette masse d'hommes qui se traînent à la
suite des armées, pour achever les ravages
qu'elles ont commencé. Instruit à l'avance et
de tout par l'espionage qui à la fois s'exer-

cera sur tous les points; ne devant jamais être surpris; marchant sous la conduite de quelques anciens militaires; rendant compte de tout aux chefs qui leur auront été désignés, et qui dirigeront leurs mouvemens et leurs opérations, pour les mettre en harmonie avec ceux des autres levées en masse ou corps nationaux, toujours à même de se réunir, ils ne se diviseront qu'autant qu'il le faudra pour ne montrer de grands rassemblemens sur aucun point, pour suivre l'ennemi dans toutes les directions, et pour observer et garder toutes les routes et tous les passages. Dans cette situation toujours sur les derrières et sur les flancs de l'ennemi, le harcelant et l'évitant sans cesse, comptant pour un avantage toutes les marches rétrogrades et les faux mouvemens qu'on fera faire aux moindres de ses corps, n'oubliant pas que dans une guerre de cette nature, fuir, c'est encore manœuvrer, et que gagner du temps est déjà beaucoup gagner; dans cette situation, dis-je, on se rassemblera, on se dispersera selon le besoin ; on s'appuiera à des corps réguliers, ou on les rejoindra pour les seconder ou échapper à l'ennemi, et on s'attachera à enlever ses courriers, ses officiers de correspondance (1), ses isolés et petits détachemens, ses équipages, ses bagages et ses convois.

Il est possible néanmoins, et il est même vraisemblable que plusieurs de ces expéditions et les premières surtout manquent; mais l'espoir ne devra jamais abandonner les braves dans une guerre semblable : guerre dont le succès dépend de la persévérance et la justification du succès; guerre que l'on fera toujours mieux à mesure que l'on se sera plus habitué à la faire; guerre qui deviendra d'autant plus funeste à l'ennemi que dans le début il l'aura moins redouté, et dans laquelle les plus brillans résultats couronneront les efforts d'un peuple qui aura été assez magnanime pour l'entreprendre et assez constant pour la soutenir.

Il est donc certain, même en admettant la possibilité d'un début défavorable, que peu après l'équilibre s'établira dans cette sainte lutte, que bientôt la balance penchera en faveur du peuple, que dès lors toutes les chances de la guerre seront pour lui, et que l'ennemi successivement éclairé sur l'insuffisance de ses premières mesures, craindra de plus grands dé-

---

(1) Les lettres, dépêches, ordres ou instructions qu'on trouveroit sur ces officiers ou courriers, seroient aussitôt et en totalité envoyés au général sous les ordres duquel on seroit.

sastres, et se décidera à établir des cantonnemens sur ses communications les plus essentielles à maintenir, à faire escorter ses courriers, ses évacuations, et la totalité de ses convois : plus tard il sera obligé d'augmenter ses escortes, et la force des détachemens qu'il sera obligé d'envoyer pour ses moindres besoins; enfin il sera contraint à faire battre le pays par de nombreuses colonnes mobiles.

Une fois réduit à cette nécessité, il ne s'agira plus pour lui de victoires, il ne s'agira plus que de sûreté et de salut : il sera arrêté dans tous ses projets : une immense carrière s'ouvrira aux entreprises dont il pourra être l'objet; et chaque jour rendra sa position plus désastreuse.

En conséquence, du moment où l'ennemi aura établi des cantonnemens ou garnisons fixes, on les enveloppera de nuées de patriotes armés, auxquels on mêlera, si on le peut, des corps ou détachemens de troupes organisées. Instruit de tout par les habitans de ces cantonnemens, concertant avec les principaux d'entr'eux les projets qu'on voudra exécuter, et sûr d'être secondé par eux dans l'occasion, on tentera tout pour enlever ces garnisons et les détruire.

Si les hommes ainsi cantonnés sont logés chez les habitans, s'ils sont disséminés, s'ils se gardent mal, il ne faudra plus que surprendre leurs postes; mais s'ils couchent réunis dans une caserne ou autre local, s'ils se tiennent sur leurs gardes, les surprises seront impossibles, et les attaques de vive force difficiles. Dans tous les cas on ne les tentera que la nuit, pour les raisons déjà dites, et on les fera précéder par plusieurs jours de fausses alertes qui auront le quadruple avantage de fatiguer les garnisons, de leur donner plus de confiance, de les rendre moins surveillantes, et de les tromper sur le moment de la véritable attaque. Quant aux places dont l'attaque de vive force paroîtroit trop chanceuse, on n'en deviendroit que plus actif à en harceler les garnisons, et à les mettre dans une position fâcheuse : on forceroit petit à petit les habitans à abandonner ces communes: on ne leur souffriroit d'autres communications que celles qui seroient utiles à la cause commune: on n'y laisseroit plus arriver de subsistances; et on mettroit chacune de ces garnisons dans l'obligation de faire pour vivre, ce que les armées ennemies auroient été obligées de faire pour conserver des communications, c'est-à-dire de former elle-même des détachemens..Dès lors les moyens d'attaque des garnisons auront doublé par la diminution de leurs forces, et on devra doubler d'ardeur et d'efforts pour profiter de cette circonstance. Quant aux détachemens on les poursuivra à toute outrance : on rassemblera contre eux tous les moyens dont on pourra disposer : on utilisera tout ce que la ruse pourra suggérer ; mais on s'acharnera à faire contre des individus ce qu'on ne pourra faire contre des masses ; et on attaquera les postes, si on ne peut attaquer les cantonnemens, et les vedettes ou sentinelles, si on ne peut attaquer les postes. La mort d'un d'un seul ennemi doit être considérée comme une victoire dans une guerre nationale, parce que ces pertes se renouvellant chaque jour sur tous les points, il n'y a pas d'armée qui puisse les supporter long-temps, surtout lorsqu'elles se joignent aux ravages des maladies, et aux pertes de la guerre proprement dite (1).

---

(1) Les Espagnols avoient calculé qu'en doublant par leurs harcellemens continuels les fatigues de nos troupes, et par suite leur mortalité, et en nous tuant journellement des hommes sur mille points différens, ils finiroient en peu d'années, et sans batailles, par épuiser la population de la France, et ils avoient raison.

Quant à la France, elle pourroit sans armées dévorer toutes les armées du monde. Ainsi, l'ennemi placé dans la position

Lorsque l'ennemi fera partir des détachemens pour faire rentrer des vivres , des fourrages ou des contributions ; lorsqu'il mettra en
mouvement des colonnes mobiles pour battre
le pays, la première chose sera de bien connoître leur composition , leur force et leur itinéraire ; la seconde , de pressentir les secours
mutuels qu'ils peuvent se donner , et celui
qu'ils peuvent trouver dans les garnisons ou
colonnes mobiles , et de régler d'après ces données , d'après les localités et le nombre et l'espèce
d'hommes , ou de moyens qu'on peut réunir
et faire agir contre eux , les opérations qu'il
est possible d'exécuter. Il est inutile de répéter
sans doute qu'on les attaquera toujours sur le
point et au moment les plus favorables : qu'on
ajoutera à la force par la ruse : qu'on multipliera les embuscades : qu'on inquiétera ces
colonnes ou détachemens de jour comme de
nuit, dans leurs marches comme dans leurs
couchers, et même dans leurs haltes, si on les
arrête dans des bas-fonds boisés , ou à portée

---

que nous venons de décrire est perdu , quels que soient ses
moyens. Le sort de la France entière , et toutes les chances de
la guerre, sont donc dans les mains des Français, qui se trouvent être les seuls arbitres du salut de la patrie, de son honneur, et de leurs destinées.

d'une côte dont tous les versans n'auroient pas
été reconnus: qu'on les talonnera, afin de pouvoir
faire main-basse sur les traînards, et sur tous
ceux qui, en route, s'écarteroient des colonnes
ou les devanceroient ; et qu'autant qu'on
le pourra on suivra de tels détachemens à
coups de fusil. Nous ajouterons cependant
qu'on s'entendra avec les habitans pour
tromper les commandans ennemis par les faux
renseignemens au moyen desquels on leur don-
nera des craintes que rien ne fondera , ou une
sécurité qui devra leur être funeste ; pour
retarder les départs de ceux de ces détachemens qui conduiroient ou devroient conduire
avec eux des voitures chargées , et pour aider
ainsi à les surprendre à l'entrée de la nuit dans
quelque chemin creux, forêt ou montagne qui
puissent faciliter leur défaite.

Lorsque l'ennemi fera partir ou marcher des
convois, des évacuations, des courriers, etc.
sous une escorte quelconque , on utilisera ce
qui sera applicable aux circonstances dans ce
que nous venons de dire en parlant des détachemens et colonnes mobiles ; observant de
plus de n'attaquer les convois, par exemple,
que sur des points éloignés de toutes les
garnisons, ou colonnes mobiles, pour empê-

cher les secours : dans des chemins sinueux, parce que ne voyant que le point où l'on se trouve, l'épouvante est plus grande, les dispositions sont plus embarrassantes, et leur exécution est presqu'impossible : dans des chemins creux, parce que maître des bords, on est maître de tout : à la lisière d'un bois, parce qu'on peut approcher de plus près sans être aperçu : ou au moment où ils monteroient une côte longue et rapide, parce qu'il est impossible qu'il n'occupe pas alors beaucoup plus de terrain qu'en plaine : de les attaquer par leurs flancs et par leur centre, pour morceler l'escorte, et en avoir plus sûrement raison ; et autant que cela aura été possible, de barrer la route en avant et en arrière des convois, et d'occuper leurs flancs, pour qu'aucun homme de leur escorte n'échappe et n'aille donner des renseignemens dangereux sur les circonstances de l'attaque, et les troupes qui l'auront exécutée. On regardera du reste comme règle constante et applicable à tous les cas dans une guerre nationale, de tirer de préférence sur les officiers, attendu que des soldats qui ont perdu leurs chefs, sont par cela seul à moitié vaincus.

Ce qui tient aux attaques de convois nous

fournit une dernière observation que nous ne pouvons omettre, c'est de se défendre de l'appât d'emporter du butin, et surtout d'emmener les voitures dans les villes ou villages. Ces avantages se paient presque toujours trop cher : l'ennemi, qui sait dans quelle commune on a conduit un convoi, y fait faire des perquisitions, qui, justement ou injustement, sont toujours suivies de grandes vengeances. Ce qu'il y a de plus urgent en arrivant aux voitures d'un convoi, doit donc être de couper les traits des chevaux (1); et ce qu'il y a de plus important, lorsque le convoi est pris, de rassembler les voitures et de les brûler : quant aux chevaux, on doit en faire l'usage que nous avons dit : si cependant des troupes réglées concouroient à une telle expédition, elles suivroient leurs ordres ou instructions, et les habitans qui les seconderoient néanmoins de tous leurs moyens, ne seroient plus responsables de l'événement.

Enfin, si l'ennemi mettoit des colonnes de prisonniers de guerre en marche, tout ce qui seroit humainement possible seroit mis en œuvre pour les délivrer; et quelles que fussent leurs escortes, il faudroit les attaquer dans leurs couchers ou

----

(1) Une voiture arrêtée arrête toutes celles qui la suivent.

dans leurs marches, de jour ou de nuit. Si la route offroit, à cet égard, des facilités, il faudroit en profiter. A défaut de cela, il faudroit se jeter, de nuit, dans un des lieux de leurs couchers, après s'être concertés avec les habitans, aller droit au lieu où les prisonniers seroient rassemblés ; forcer les troupes chargées de les garder ; et distribuer aux prisonniers les armes de ces dernières, et celles qu'on auroit pu leur porter (1). Le succès seroit même d'autant plus certain, que, de nuit, les prisonniers ne sont gardés que par un poste et un piquet du dixième de leur force, et qu'ils pourroient, après avoir brisé leurs portes, assaillir leurs gardes, et employer aussitôt les fusils qu'ils leur enlèveroient, à seconder leurs libérateurs. On auroit donc une triple garantie en se dévouant pour une entreprise que l'amour de la patrie et tous les sentimens de l'honneur commandent, et dont la réussite sera du plus grand effet.

Au surplus, si, pour une des opérations dont nous avons parlé, ou pour tout autre, les forces de l'ennemi paralysoient le zèle des habi-

---

(1) Il y a même tel cas où on pourroit leur en faire jeter par les habitans, et où l'on devroit en faire cacher à l'avance dans l'édifice où l'on prévoiroit que les prisonniers seroient placés.

tans, ils devroient être certains que les levées en masse de leur voisinage, et les chefs des corps francs, et des corps d'armée les plus à leur portée, s'empresseroient à les renforcer, pour maintenir l'avantage de leur côté, et rendre toujours plus heureuse cette guerre de la nation entière contre une coalition sacrilége; guerre qui est aujourd'hui la plus forte barrière à oppo•ser au torrent qui nous menace de se déborder sur notre territoire, et dont la guerre régulière ne doit plus être regardée que comme un accessoire (1).

En suivant le plan que nous venons de tracer,

---

(1) Nous n'avons pas parlé de la supposition où l'ennemi avanceroit sur Paris. Elle semble inadmissible, et même elle est inutile, attendu que dans ce cas il est évident que de toute part on devroit se porter sur l'ennemi, l'assaillir avec acharnement, et rivaliser d'héroïsme pour sauver cette capitale, à la conservation de laquelle tant d'intérêts sont attachés, et qu'il est de l'honneur de toute la France de garantir, comme après le premier coup de canon tiré, il sera de notre honneur à tous de reprendre le cours du Rhin.

Si cependant on vouloit se mettre en mesure à tout événement, il faudroit que chaque département de France eût à fournir un bataillon, pour renforcer au besoin les gardes nationales de Paris et l'armée qui s'y jetteroit; ou que du moins Paris menacé, tous les départemens, dans un rayon de soixante lieues, coopérassent à sa défense : on pourroit enfin, par surcroit de précaution, faire préparer de suite les contingens de ces départemens et les tenir à portée d'arriver à temps.

l'ennemi, toujours plus hors de mesure dans cette lutte destructive, ne marchera bientôt que de désastres en désastres : sous chacun de ses pas, il trouvera la guerre, et une guerre d'autant plus terrible, qu'elle aura lieu sans relâche : chaque habitant lui présentera un ennemi implacable, et d'autant plus à craindre, qu'il dissimulera mieux sa haine : chaque lieu habité sera pour lui un point menaçant : partout attaqué, ou prêt à l'être, il n'aura bientôt plus ni sécurité ni confiance : voyant croître de toute part le nombre de ses ennemis, et chaque jour des retranchemens nouveaux s'élever en avant, en arrière de lui et sur ses flancs, il ne saura bientôt plus sur quel point diriger ses colonnes, pour agir avec moins de désavantage : trouvant mille obstacles où nous trouverons des secours; la destruction, où nous trouverons des renforts; et la disette, où nous trouverons l'abondance, il ne fera que des efforts impuissans : ne pouvant vivre réuni, tremblant de se disséminer, ses embarras croîtront avec ses risques; et, quoi qu'il fasse, il cumulera ceux de tous les partis, et les inconvéniens de toutes les situations : sans parvenir à faire face à ses besoins, il épuisera ses troupes, et multipliera les maladies : manquant d'hôpitaux, de moyens de traisement et d'évacuations, il éprouvera une mortalité énorme: sans cesse entouré et harcelé, ses corps se détruiront en détail : plusieurs d'entr'eux seront anéantis avant de pouvoir combattre nos armées, et souvent obligés de s'affoiblir lorsqu'il sera le plus intéressé à se rassembler, il sera enfin à la merci d'un événement qui ne tardera pas à l'écraser.

Ainsi les chefs de la coalition la plus injuste et la plus criminelle qui jamais ait été formée ; désabusés trop tard sur les dangers de leur coupables projets (1) ; n'ayant fait que semer de

---

(1) Au nombre des rapprochemens que ce moment fera faire, on remarquera sans doute le suivant :

Douze familles régnantes, agissant dans l'intérêt de la deux cent cinquantième partie des peuples, veulent la guerre, par la crainte de voir finir, à notre exemple, l'abrutissement du genre humain, d'être obligées de mettre des bornes à leur despotisme et à leur ambition, et de perdre ce qu'elles ont envahi au mépris de tous les droits des nations.

Ainsi, et indépendamment des deux premiers motifs indiqués ci-dessus, l'Angleterre veut la guerre de peur de perdre la Belgique ; la Prusse veut la guerre de peur de perdre la Saxe, et ce que le grand marché humain lui a concédé sur la rive gauche du Rhin ; la Russie veut la guerre de peur de perdre la Pologue ; et l'Autriche veut la guerre de peur de perdre l'Italie.

La France, qui seule ne craint rien, malgré les immenses pertes qu'elle a faites, et qui excite en ce moment l'insatiabilité des quatre puissances qui aspirent au sceptre du Monde ; la France, contre laquelle l'Europe entière s'arme et tremble ;

cadavres les terrains qu'ils auront parcourus; épuisés d'hommes et d'argent, frappés dans l'opinion de leurs peuples et de leurs armées, et poursuivis par la vengeance des cieux, ne pourront pas même se consoler par l'odieux succès auquel ils aspirent.

------

la France, avec laquelle aucune autre nation n'oseroit (malgré son affoiblissement) entrer en lice; la France enfin, pour qui les imprécations même dont elle est l'objet sont un hommage immense; la France, dis-je, qui peut espérer de la guerre seule la restitution de ses limites naturelles, offre seule le maintien de la paix!...... Mais aussi a-t-elle maintenant presqu'autant à gagner à la paix qu'à la guerre; et les chefs de la coalition formée contre l'humanité plus encore que contre la France, et contre la France plus encore que contre l'Empereur, n'ont-ils plus qu'à perdre, pour quelque parti qu'ils se décident.

CONCLUSION.

Tel est ce que le zèle a pu me dicter en quelques heures.

Loin de ce qu'il pourroit être, cet écrit n'est encore qu'un cadre, et tous ceux qui peuvent avoir quelque chose d'utile à p roposer sur cette matière, doivent concourir à le remplir.

Il étoit impossible en effet de ne rien omettre, même d'important, dans un sujet aussi vaste et aussi rapidement traité, de prévoir tout ce que les localités et les circonstances peuvent forcer de modifier ou d'ajouter à une instruction de cette nature, pour la rendre complète.

Ce travail ne peut donc être achevé pour chaque département que dans le département même, et c'est ce qui me détermine à proposer de réunir sans délai, dans chaque chef-lieu de subdivision territoriale, quelques anciens militaires instruits et zélés, et notamment l'officier du génie : d'en former un comité sous l'inspection du général commandant : de charger ce comité de faire une instruction détaillée sur la manière de nationaliser la guerre, de soutenir une guerre de cette nature dans leur département, et de hâter les résultats décisifs qu'elle doit offrir : de comprendre dans cette instruction l'organisation des corps francs et des levées en masse, leurs mouvemens, leur manière d'agir, et notamment tous les objets dont nous venons de nous occuper (1) : de soumettre cette instruction au général commandant de la division militaire : du moment où elle auroit eu son approbation, de la faire imprimer en petit cahier ou livret : d'y joindre successivement et par supplément tout ce que depuis sa publication on auroit d'essentiel à y modifier ou à y ajouter : d'en envoyer un nombre suffisant d'exemplaires dans toutes les communes du département, aux officiers des gardes nationales en activité, des gardes nationales sédentaires et des levées en masse ; aux officiers supérieurs des corps francs formés dans le département, et aux officiers généraux et supérieurs commandant les troupes de ligne qui y seroient stationnées : d'en envoyer également aux commandans de toutes les divisions et subdivisions militaires de France, et des corps d'armées qui se trouveroient à

---

(1) On conçoit qu'on ne feroit aucune mention des travaux de défense, dans une telle instruction.

portée; enfin, d'en adresser à S. E. le ministre
de la guerre, afin que faisant classer ce que
ces différentes instructions contiendroient d'utile, elle puisse en former une instruction générale, adaptée à toute la France, et devant
servir à l'avenir, comme à l'époque présente,
et aux peuples qui voudroient secouer un joug
étranger, comme aux Français.

Les membres de ce comité auroient cependant encore d'autres fonctions à remplir.

Dès que l'instruction qu'ils auroient été
chargé de faire, seroit terminée et imprimée,
et pour assurer la plus stricte observation de
ce qu'elle renferme, ils seroient répartis dans
les différens cantons de leur département, afin
d'expliquer cette instruction en ce qui auroit
pu ne pas être bien compris par des hommes
peu accoutumés à ces matières.

L'officier du génie se porteroit sur tous les
points où des ouvrages de défense devroient
être exécutés, pour les tracer et les suivre, se
faisant seconder à cet effet par les anciens sapeurs ou mineurs retirés dans le département,
et qui seroient tous mis à sa disposition.

Enfin, les gardes nationales sédentaires ou
levées en masse devant agir, les membres de
ce comité se rendroient dans les cantons qu'ils

auroient été chargés d'instruire, y dirigeroient les opérations militaires, et feroient exécuter tous les ordres du général commandant, lequel se tiendroit sur les points les plus importans, pour tout voir et tout diriger par lui-même.

FIN.

www.ingramcontent.com/pod-product-compliance
Lightning Source LLC
Chambersburg PA
CBHW071343030726
47594CB00002B/732